Purchased with a
GLOBAL LANGUAGES
MATERIALS GRANT

from the California State Library

Funded by the U.S.
Institute of Museum
and Library Services
under the provisions
of the Library
Services and
Technology Act,
administered in
California by the
State Librarian

CALIFORNIA
STATE LIBRARY
FOUNDED 1850

¡ABRE LOS OJOS Y APRENDE!

Deportes

BLACKBIRCH®
PRESS

THOMSON
GALE

San Diego • Detroit • New York • San Francisco • Cleveland
New Haven, Conn. • Waterville, Maine • London • Munich

THOMSON

GALE

LIBRARY OF CONGRESS CATALOGING-IN-PUBLICATION DATA

Nathan, Emma.
    [Sports. Spanish]
    Deportes / by Emma Nathan.
        p. cm. — (Eyeopeners series)
Includes index.
Summary: Introduces sports that are popular in different countries around the world.
    ISBN 1-41030-024-2 (alk. paper)
    1. Sports—Juvenile literature. [1. Sports. 2. Spanish language materials.] I. Title II.
Series: Nathan, Emma. Eyeopeners series. Spanish.

GV705.4 .N3818 2003b
796—dc21   2002152579

Printed in United States
10 9 8 7 6 5 4 3 2 1

CONTENIDO

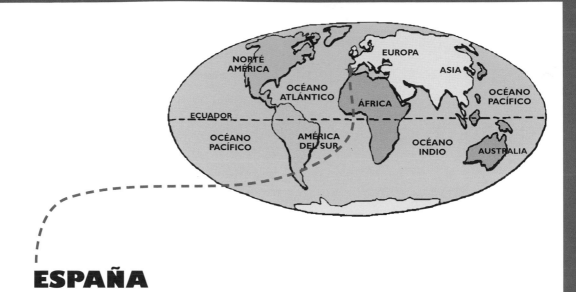

ESPAÑA

España está en el continente europeo.

El toreo es el deporte nacional de España.

La persona que entra al ruedo con el toro se llama torero.

En España se respeta y se admira a los toreros. Necesitan ser muy valientes y hábiles.

◀ Una corrida de toros en España

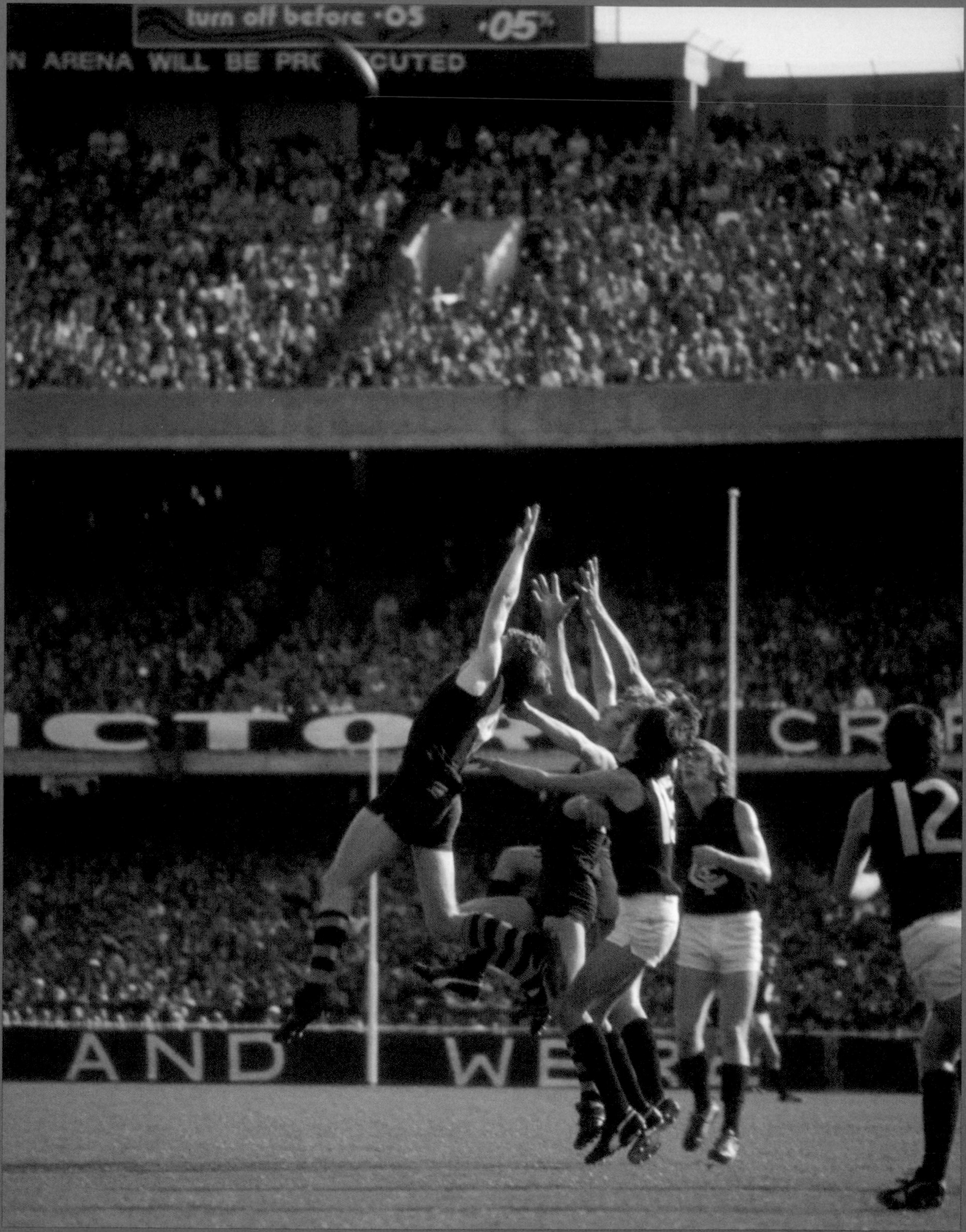
turn off before ·05
·05
N ARENA WILL BE PR CUTED
ICTOR
CR
AND WE
12

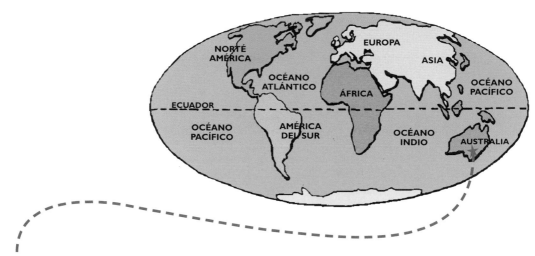

AUSTRALIA

Australia es un continente por sí sola.

Está situada al sur de Asia.

El fútbol australiano es un deporte popular en Australia.

Este deporte se parece al juego inglés de rugby y al fútbol americano.

En el fútbol de reglamento australiano, hay dos equipos. Compiten para hacer llegar la pelota al lado opuesto del campo.

◀ **Un partido de fútbol australiano**

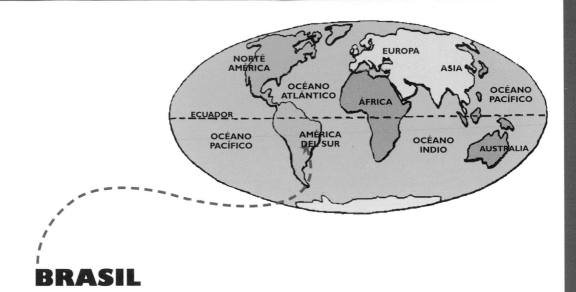

BRASIL

Brasil está en el continente sudamericano.

Brasil es el país más grande de Sudamérica.

Hay muchas millas de hermosa costa en Brasil.

El vóleibol es un deporte popular en muchas playas de Brasil.

A la gente le gusta jugar vóleibol en la blanda arena.

◀ Vóleibol en una playa brasileña

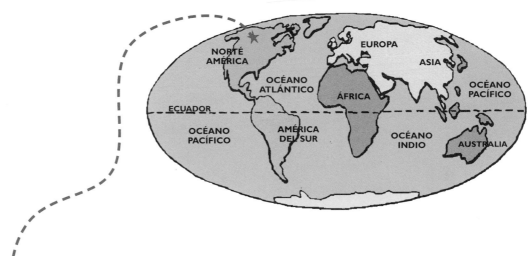

CANADÁ

Canadá está en el continente norteamericano.

El curling es un deporte popular en Canadá.

El curling se juega deslizando una pesada "piedra" sobre el hielo.

Hay dos equipos. Cada equipo tiene dos jugadores.

Los jugadores tratan de llevar su piedra lo más cerca posible del centro exacto del campo de hielo.

◀ Curling en Canadá

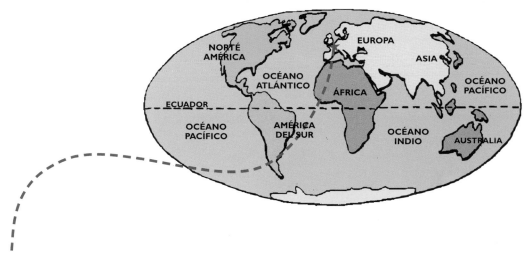

FRANCIA

Francia está en el continente europeo.

La petanca es el deporte nacional de Francia.

La petanca se juega con pelotas de acero y una pequeña pelota de madera llamada *cochonnet*. La palabra *cochonnet* significa "cochinito" en francés.

Los jugadores tratan de hacer rodar sus pelotas de acero cerca del *cochonnet*. Ganan puntos los jugadores que logran llevar sus pelotas más cerca del *cochonnet*.

◀ Jugando a la petanca en Francia

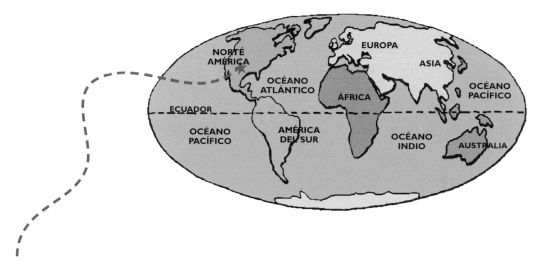

ESTADOS UNIDOS

Estados Unidos está en el continente norteamericano.

El béisbol es uno de los deportes más populares de Estados Unidos.

Al béisbol se le ha llamado "pasatiempo nacional de Estados Unidos". Eso significa que es como el deporte nacional.

Muchos niños estadounidenses empiezan a jugar béisbol desde muy jóvenes.

El T-ball y el béisbol de liga infantil y liga menor se juegan en casi cualquier ciudad de todo el país.

◀ Jugado de béisbol

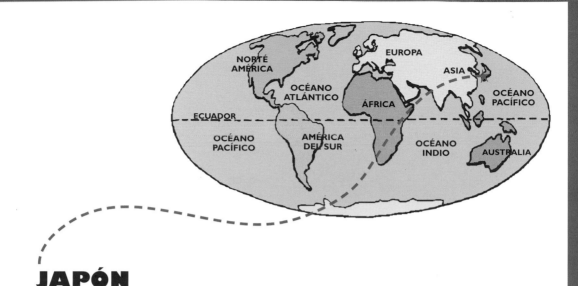

JAPÓN

Japón es una isla que es parte de Asia.

El *sumo* es un tipo especial de lucha japonesa.

La lucha *sumo* es el deporte nacional de Japón.

Los luchadores de *sumo* son muy gordos y muy fuertes.

Los mejores luchadores de *sumo* en Japón, son famosos en todo el país.

◀ Luchadores *sumo*

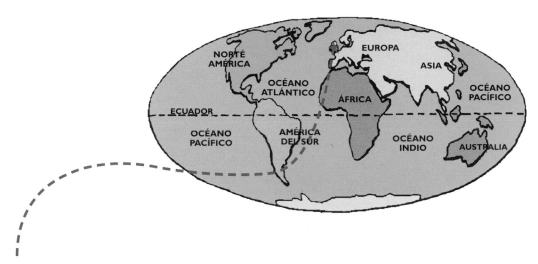

INGLATERRA

Inglaterra es una isla que es parte de Europa.

El críquet es un deporte popular de Inglaterra.

El críquet se parece mucho al béisbol estadounidense.

El críquet se juega en un gran prado.

Los jugadores golpean una pelota con un bate y tratan de pegarle a una meta llamada wicket (se pronuncia **uíquet**).

◀ **Jugadores del críquet**

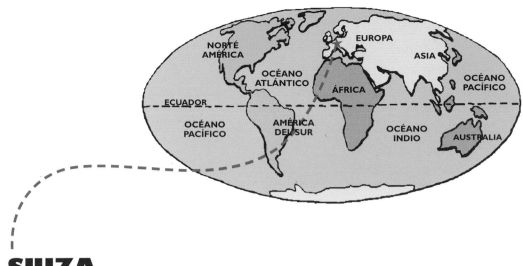

SUIZA

Suiza está en el continente europeo.

Es un pequeño país con muchas montañas altas llamadas los Alpes.

En los Alpes hay nieve gran parte del año.

Personas de todo el mundo van a esquiar en los Alpes.

Los esquiadores suizos son famosos por ser de los mejores del mundo.

◀ **Esquiadores en los Alpes**

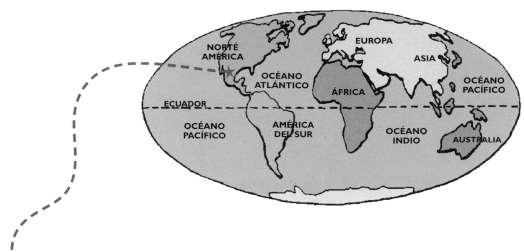

MÉXICO

México está en el continente norteamericano.

México es un país largo y estrecho. Tiene muchas millas de línea costera a ambos lados.

En Acapulco, hay altos acantilados a la orilla del Océano Pacífico.

Clavadistas especiales de Acapulco se lanzan al agua desde la cima de los acantilados.

La cima de los acantilados está a más de 100 pies sobre el océano.

◀ Clavadista en Acapulco

ÍNDICE

PARA MÁS INFORMACIÓN

Direcciones del Internet

Fútbol australiano
http://afl.com.au

Béisbol
http://www.mlb.com

Corrida de toros
http://coloquio.com/toros.html

Clavadistas de Acapulco
http://www.whdf.ch/infos/sport/history.htm

Críquet
http://www.cricket.org

Curling
http://www.worldcurlingfederation.org

Petanca
http://www.petanque.org

Esquí
http://www.skicentral.com

Sumo
http://www.sumoweb.com

Vóleibol
http://volleyball.org/brazil

Libros

Hall, Margaret. *Sports Around the World.*
Westport, CT: Heinemann, 2002.